Poemas en Cuarentena

GUSTAVO MACIAS

ISBN: 9798638549138

DEDICATORIA

Dedico este libro a mi Madre, una grandiosa mujer que ha sido un pilar fundamental en mi vida, con toda certeza es la mejor persona que existe en el mundo y a quien encantado rindo homenaje.

CONTENIDO

AGRADECIMIENTOS

Una vez más agradezco a mi madre, cabe mencionar que gracias a ella se hizo posible todo, también agradezco a aquellas personas que me han hecho ver la vida de una diferente manera, y a la vida misma por permitirme escribir cada párrafo de este libro.

Felicidad

Es un éxodo de alegrías al corazón,
de la mente una suave sensación,
una inspiración para crear una canción.
es el brillo de la luna sobre su cuerpo,
es sus ojos mirando lo que tienes dentro,
es la dulce pasión de la emoción.

Cuando sientes luciérnagas en tu vientre,
cuando las flores en tu mente siempre están presente,
el alimento para los pensamientos ardientes.

Es el amplio y verde horizonte,
es el juego entre el león y el bisonte;
es el salto de cupido desde tu pecho hasta tu frente.

La melodía de su piel, el reluciente tono de su cabello,
a sus labios le soy fiel, es besarle suavemente el cuello.
Ya no esperaré por siempre, ya no sentiré su ausencia en mi mente;
ha puesto su linda bandera en mi corazón.

Tu fotografía

Es una suave melodía para mis ojos,
es objeto de inspiración;
la puedo llevar en el bolsillo,
la clavaré con tachuelas al corazón.

A donde sea que me mueva, tu mirada no
dejara de tocarme,
es en donde yo pueda entrar fácilmente,
y pueda imaginar besarte,
pueda imaginar tenerte,
abrazarte,
amarte.

Esa fotografía que pone a prueba mis
sentidos,
esa fotografía donde solo existimos dos.

La Mujer más Hermosa del Mundo

Es por quien suspiro,
es por quien respiro,
la que hace cada paso más difícil;
es quien deja su telaraña en el camino.

Ojos maravillosos,
pestañas de gloria,
cabello de sol y viento;
piel de terciopelo,
sustento de mis pensamientos.

Una inspiración distinta inunda mi mente,
la misma que me hace vivir y morir de
repente,
para encontrarme al final con su hermosura.
Quiero estar en el centro de sus sueños,
quiero estar detrás de su espejo,
ser el maquillaje de su rostro tan solo un
segundo,
porque ella es:

¡La mujer más hermosa del mundo!

Mi Contraparte

Eres mujer perfecta para este imperfecto!
eres mujer Sofisticada para este primitivo!
Eres la mujer mas hermosa para este
esperpento!
Eres naturaleza viva para este ente
contaminante!

Eres los sueños lúcidos para esta pesadilla!
Eres esas cuatro letras para esta sola palabra!
Eres el amanecer y el ocaso, para este día
tormentoso!
Eres el ying de este yang!
Eres el sutil susurro para este grito
despavorido!

Eres la magia para este ilusionista!
Eres lo que esperaba, lo que deseaba y lo que
soñé;
para transformar este yo, en un yo mejorado.

Eres el universo entero para este ínfimo
grano de arena!

Eres mi parte al revés.

Tu Cuerpo

Analizo la textura de tus dedos,
me desnudo entre tus huellas digitales,
me peino el cabello en el reflejo de tus uñas.

Me infiltro en tu piel,
lanzo mi cuerda a tus hombros,
descanso en tu cuello.

Suavemente escalo por tus mejillas,
estar entre tus lindos labios es una maravilla;
rozar tu nariz y hacerte cosquillas.

Me detengo en tu mirada,
salto por tus pestañas;
ajusto mi arnés a tu cabello,
y me deslizo hacia tus pechos,
donde soñaré sin despertar.

Ahora voy de bajada directo a tu ombligo,
el cual rodearé caminando lentamente.

Llego a tu espalda con sudor en la frente,
siento el placer de llegar a lo prohibido;
omitiendo escenas, imaginando otras,
mi debilidad son tus piernas.

Y agradeceré al mundo por llegar hasta tus
pies,
una vez que haya experimentado todo tu
cuerpo,
al derecho y al revés.

Lujuria

Colocando ideas perturbadas,
caminando en hilos débiles de lujuria,
espiando detrás de puertas de vidrio,
muriendo en sueños rojos
y despertando en sudores matutinos.

Contigo a mi Lado

Quiero caminar contigo a mi lado;
recoger piedras en la playa,
pétalos de rosa en el jardín,
mariposas en los verdes campos,
jugar bajo al lluvia semidesnudos.

Quiero correr contigo a mi lado;
saltar sobre charcos de agua,
buscarte entre los pastizales,
contar las estrellas acostados,
lanzar piedras desde un acantilado.

Quiero volar contigo a mi lado;
tocar a la luna con los dedos,
colgar de la estela de los cometas,
abrazar juntos a la Venus de Milo,
sentir el aroma de los planetas.

Celebrando al Amor

Las nubes del firmamento nos anhelan en sus
blancos espacios,
el mar nos desea en el azul de su inmensidad,
mi corazón desea el rojo de tu pasión
y mi mente ama a tus colores con tanta
intensidad.

Tu aroma acaricia mis sentimientos,
perfuma los lindos momentos,
besa el brillar de mis pensamientos,
tu aroma en mis más sutiles movimientos.

Me voy a dar el lujo de destruir tus tristezas,
asesinaré aquella depresión
que trata de apagar las sonrisas y me deja una
amarga sensación!

Mi alegría migrará hacia tus puertos;
y llevará consigo una bonita inspiración,
que infecte de una linda manera todo tu
corazón.

Las Alas de Cupido

Estoy colgando de los pies de cupido,
entre nubes y flamencos.
Estoy suspirando en su aleteo.
Suplicando un par de blancas plumas en cada mano,
para volar a mi manera y antojo.
Dejando tristes estigmas en su suave mente infantil,
los flamencos guiarán mi camino.

Tu Ausencia

Saboreando tu ausencia,
explicándole al corazón lo que significa.
Percibiendo tu presencia,
pidiéndole a la mente que mueva al mundo
para tenerte!
Llorando en tus sueños,
riendo en tus fantasías.
Suspirando en aquellos momentos,
mutilando mis agonías,
mis tristezas y mis ironías.

El Amor

Es aquella sensación que se tiene,
al imaginar tu mirada tan incandescente;
es un movimiento brusco del pecho,
donde intervienen varios factores que afectan
mi corazón.
Llevando a producir a este individuo,
una gran sonrisa en el espíritu.

Amor es besarte en sueños lúcidos,
es la dopamina recorriendo,
mientras mi rostro está frente al tuyo;
es el sutil roce de nuestros labios,
mientras nos perdemos en el momento.

El amor levita en el aire,
como pluma de cisne suelta,
como polen en alas de abejas,
como colibrí buscando sus sabores,
como tú y yo!

...

Alimentando y Asesinando

Alimentaré el sentimiento,
y asesinaré las dudas.
Alimentaré el brillo de tus ojos,
y asesinaré la tristeza de tus lágrimas.
Alimentaré tu boca,
y asesinaré tus palabras de enojo.
Alimentaré tu cabello;
con el viento,
con mi aura,
y con mis dedos enredados entre ellos.
Alimentaré tu vida,
y asesinaré tu muerte.
Alimentaré el amor,
y el odio?...

...ni siquiera dejaré que se conciba el odio,
así que ya no tendré que matar para ti!

La Música

Único escondite de emociones veloces,
sutil en sus caricias de sosiego;
ocuparé mis energías en disfrutarla.

La música que proviene de las cuerdas,
el placer de su vibrar en mis pasiones,
la fluidez de los sentidos,
implicados en el arte de su existencia.

Música allá voy y de allá vengo!,
calma mis bruscos movimientos,
mata los grises sentimientos;
nace y muere en los tristes momentos!

Un adiós

Solo sacuden los cristales de mis tontas
emociones,
en absurdas situaciones, los latidos de mi
corazón.
Estados de agonía se fusionan en mi espíritu,
la vida pierde su ímpetu, mi mente necesita
una canción.
Destroza mis sueños, he escuchado que eso
es bueno;
pero esto es como un veneno
y lentamente sucumbo ante el dolor.
Que he hecho yo vida mía!,
qué razón tiene el mundo para brindarme tu
espalda?,
qué sentido tiene verte de lejos?,
cuando sé; que en otros tiempos,
me amaste con tanta pasión!

Golondrinas Monocromáticas

El vuelo detrás de sus alas fecunda su existir,
caminos aéreos que conducen al paraíso no terrenal;
amarillos espacios desde el sol canalizan los espíritus,
plumas sueltas caen al lado prohibido.

Golondrinas del cielo, acarician el viento,
abanican al mundo en un misterio de oscuros pensamientos;
...qué emociones esconden?,
golondrinas no desaparezcan hasta el final de los tiempos,
impulsen mi mantra,
quiero sentir mi voz.

Los Sentidos

El poder de los colores va desgarrando mi
retina,
y el intento de ajustar las distorsiones me
deja algo gris.

Poco después irrumpe con todo esplendor
un frenesí de prismas incandescentes.
Roces contemporáneos erizan el pasto de mis
poros,
avisos de agua y fuego promueven las
grandes erosiones;
entre nuevos amaneceres, nuevas cortezas.

Por el viento sin embargo;
pequeños kamikazes vuelan con un rumbo
seguro,
polinizan las flores de mi jardín
y se estrellan sobre mis fosas
para dejar alguna esencia volátil en mi
memoria.

Extrañas mantras desde todos los lugares,
e incluso desde ningún lugar,
hacen vibrar mi yunque y mi martillo,
hacen resonar espacios nuevos en mi espíritu,
trae emociones en pentagramas,
toda esta intensidad manifiesta mi existencia.

Entre lo dulce y lo amargo de la vida,
no queda más que agradecer
por todas aquellas sensaciones permitidas.

Disfrutándote

Estudio tu mirada y me pierdo en la nada.
Casi siento tu sonrisa,
el placer de tu simple voz
me hace volar en tu brisa.
Siento la luna,
huelo las estrellas,
entre tu cabello,
entre tus huellas.
Celebro a la vida,
por permitirme tan linda sensación;
celebro tu hermosura,
en el altar de mi imaginación.
Solo deseo, solo me inspiro,
luego recibo y por ti suspiro.

Mujer

Mujer,
que caminas entre mis melodías
y que concibes mis sensaciones.

Mujer,
que inspiras mi poesía.
Mujer,
que traes lluvia de flores a mis emociones,
tus ojos mueven mis estrellas,
abrazan mis ilusiones.

Mujer,
tu cabello abanica mi viento,
tu sonrisa moldea mis olas
en mi calma presencia.

Mujer,
tengo que decirte que eres el quinto
elemento
de mi total existencia.

Ilusión

Eres solo una ilusión,
un espejismo cercano;
casi tocable, poco perceptible.
Eres el espíritu de una flor marchita,
que espera mariposas grises
para fecundar su ausencia.
La fusión de aroma y color,
solo era una ilusión.

El Vacío

Las piedras, el viento, la lluvia, el sol;
el océano, los peces, las aves, un caracol;
las cascadas, la lava, el cielo, la raíz;
camaleones, tortugas, iguanas, orugas;
la muchedumbre, la tempestad, las tribus, la humanidad;
los campos, los desiertos, la azúcar, la sal;
las flores, los colores, la arena, el cristal;
la aureola, el espíritu, el cuerpo, el corazón;....
esto último cae al vacío y del vacío regresa,
para aparentar no perecer jamás.

Gotas de Madrugada

Las gotas de lluvia trae raros sonidos
consigo,
luces eléctricas con un primitivo y ligero
miedo en el subconsciente;
atrapan mis sueños y se encargan de no
devolverlos,
Trataré de dormir en letras poéticas
acolchonadas!
Impulsaré entre relámpagos aquellos dulces
momentos
que tratan de ser fantasía entre mis
pensamientos.
Recolectaré agua para regar los campos de
mi imaginación.

Casi

Casi me atropello con el silencio,
casi escupo en su estructura imperceptible,
casi apedreo a su esencia soluble en el
tiempo,
casi muero en sus residuos de sonidos
apagados,
titilando aún en nuestros sentimientos!

El Tiempo

El otoño y nuestras tristezas
vuelan en las hojas sueltas.
Mis lágrimas humedecen los tallos secos
y llena de primavera nuestra inspiración.
Mis ilusiones se deslizan en tu cabello,
cuando beso tu frente,
cuando beso tu cuello;
el tiempo morirá a nuestro alrededor
y vivirá mañana.
Te amo más!,
más que hace un minuto;
y en otro minuto después,
te amaré un poco más!
Jugamos con el tiempo, traicionamos los
momentos,
manipulamos los relojes de nuestros
sentimientos.

Poesía Teológica

Les concederé un deseo a los bichos rojos
tras mi memoria,
dejaré que llenen mi corazón de sus rojas
melodías;
dejaré llover sobre sus rojos campos e
iluminaré sus sueños
con mi luna artificial, sobrenatural,
espiritual;
y aboliré los sacrificios.

Finalmente,
estudiaré sus más endebles sentimientos;
y los transformaré en energía psicodélica,
con muchos prismas de colores para sus
sonrisas.

Cuando pierdan su rojo y se vuelvan
transparentes,
sabré que han depositado su energía
en pequeños equipajes hacia mis
pensamientos.

En la Luna

Nadaré en océanos lunares concebidos por
mi imaginación,
buscaré olas en playas incandescentes,
sentiré el placer de ver
el cuarto menguante de La Madre Tierra
en el vasto y profundo cielo.
Secuestraré algunas estrellas para adornar
mis canciones,
llevaré conmigo a los sentimientos más
puros,
y ocultaré en los cráteres mis recuerdos más
oscuros.

En el Universo

Quiero besar al mundo en su máxima
extensión de pura vida,
anhelo escuchar aquel susurro del sol que
ilumina mis pensamientos.
La luna...?,
estaré contando sus cráteres girando a su
alrededor,
esquivando las estrellas, en el vacío dejando
huellas,
al infinito de mi voz.
Quiero sentir los anillos de Saturno
analizando mi existencia,
la inmensidad de Júpiter sobre mi cabeza,
la lejanía de Plutón acariciando mis cejas,
la belleza de Venus ardiendo en mi boca;
no quiero materia oscura, no quiero hoyos
negros,
no quiero distancias de años luz.
Quiero sentir el universo,
quiero ser la gran oscuridad detrás del día,
quiero ser el reflejo del sol en la luna de
noche.

Mi Energía, mi Dios

Siento la belleza, siento la pureza,
el tiempo se esparce a mi lado;
mi vida se expande en el cielo despejado.
Es cierto que las creencias complementan la vida,
y el brillo de los ojos en cada año esperado.

Escucho a los pájaros, siento su vuelo,
el aleteo de su propia esencia;
en todo lo que yo creo.
Respeto el ideal ajeno,
vivo el mío más intenso,
siento el mundo a mis pies,
en este universo inmenso.

Respecto a mi energía, respecto a mi Dios;
en otro nivel muy superior yo soy.
Sí!, ese mismo dios soy Yo.

Sólo en Sueños

Hay lugares en donde la Luna se puede
tocar,
en donde al cielo se lo puede arrastrar
y en donde los peces vuelan sin parar.
Hay sitios hermosos donde visitar,
existen luminosas flores que tocar,
sensaciones que experimentar.

Resulta tan irónico!,
que en este paraíso tú puedas estar,
empujándome al manantial donde debajo
puedo respirar.

Es increíble!;
que contigo al centro del sol pueda viajar,
que contigo las estrellas pueda recolectar,
que pueda acercarme lentamente y poderte
besar.
La emoción no morirá!,
la sensación perdurará!,
y el despertar me estrellará!

Espejo

Las palabras caen pegadas a mi espejo;
en donde observo el infinito de mis ojos,
en donde existe un mundo paralelo.
En donde los pájaros se besan
y las flores alumbran el camino.
Ese espejo que guarda mucho
pero dice tan poco.

Mente Elevada

El viento nos dice cosas que no podemos
comprender,
el mar no cesa en su ímpetu.
El fuego acaba con todo a su paso,
no hay memoria que resista mi meditación.
Es como estar sentado sobre un arcoiris,
observando el mundo,
recibiendo la brisa,
los rayos del sol,
el viento que golpea mi rostro,
los sonidos quietos de la naturaleza,
la vibra mundial.

Esperar sin Pensar

No me cansaré de contemplar,
ni dejaré de husmear;
no dejaré de mirar,
y entre labios hablar.
Sin olvidar,
lo que despeja una duda.
Sin maltratar,
aquella mentira oscura.
Pues me quedaré observando el momento,
en el que yo pueda empezar a actuar.

Mente Reprimida

Destruyen los colores,
aquellos bichos tiranos;
que se encargan de manifestar lujuria,
en mis prismas intranquilos.
Como un caleidoscopio,
que deja pensamientos psicodélicos,
donde no deben existir por ahora.

Universalmente

Desde el exterior del sentimiento,
se sienten las estrellas fugaces;
que bañan con su larga estela,
la visión del futuro incierto.
Donde lo que no se puede sentir,
se lo puede saborear con una sonrisa;
pues falta mucho para transformar en
tristezas,
aquellas irónicas alegrías del corazón,
que viajan a través de los planetas.

Mentiras Aplastadas

La oscuridad atrapa mis mentiras,
las traslada a un plano de falsedad.
Se desintegran flotan sobre lava fundida;
se transforman en juguetes de unicornios sin
vida,
de pegasos sin alas, de centauros sin lo
humano.
Y es así, que entre pegasos centauros y
unicornios,
viajan mis verdades adheridas a herraduras,
esperando una suave superficie,
donde poder acolchonar mis palabras.

Acribillando Sonrisas

Algunos sonríen, otros saltan, otros gritan.
Yo me revuelco en la tristeza;
de esperar, de soñar y de anhelar.
Estoy preparando mi arma blanca,
estoy afilando mis decisiones;
dejaré las sonrisas moribundas,
dejaré lágrimas en sus heridas.
Es posible extrañar tanto,
si es posible querer tanto.
Deseo soltar mi arma
y besar lo que estuve asesinando,
con toda crueldad, y sin ningún sentido.
Pero ahora que está todo sin vida,
solo faltas tu para resucitarlo.

Búsqueda

Debajo de las piedras,
entre los sueños,
sobre el arcoiriris.
Entre las gotas de lluvia,
en los momentos sin sentido,
bajo el vientre de la ironía.
Te encontré!

La Respuesta

No hay palabras flotando en mi mente,
ni sonidos de inspiración;
no existe esa sensación de tener la respuesta
en frente,
escucho al corazón, asesino la emoción;
pero raramente, no disfruto con pasión,
será que es invisible?,
y que frente a mi nariz puede estar?,
quizás sea imposible,
pero confío en el placer de esperar.

Eres

Eres como un estereotipo audiovisual,
algo superficial,
una piedra con vida.

Como un toque de esgrima,
una suave estocada,
un vuelo con plumas en manos.

Como ojos profundos,
como peces de manantiales,
como una hormiga solitaria.

Eres el efecto dominó en todas mis costillas,
el rápido diálogo de mis neuronas,
un niño descalzo en la vía,
una pequeña hoja paseando por la ciudad.

Eres la vida que nace entre adoquines,
eres mi suelo al revés;
la ola entre mis dedos,
la lluvia entre mis pies
.

Eres lo que de mi se aleja,
pero lo que en mis sueños,
sentado observaré.

Pensamientos Desnudos

Mientras desnudo tus pensamientos,
los míos buscan vestirse de tu inocencia;
imaginando cada segundo de tu existencia,
a mi lado soñando sin influencias,
en nuestros momentos de locura con
sentimientos.

Espero tocar tus sensaciones,
dejándome un espacio donde poder llenarlos
de ti,
cuando la luna haga su aparición esta noche,
nos imaginaré juntos en un cráter,
donde no ha pisado el hombre,
donde la sonrisa no ha llegado todavía,
y las tristezas mueren enseguida.
Aquel lugar imposible de llegar para
algunos,
pero será nuestro lugar.

Luego vestiré tus pensamientos,
pues ya no quedará inocencia,
bajo una estrella fugaz,
nuestros cuerpos arderán sin clemencia.

Un Beso

Envío un beso que vuele bajo la luna,
que se pierda entre las nubes
y se confunda entre las estrellas,
que parezca un ave nocturna,
que deje una gran estela,
que atraviese los países,
que llegue a su objetivo final.

Triste Poesía

A veces me siento a meditar,
en mi pequeño espacio vacío;
a veces me atrevo a aguantar
por un buen rato el respire,
observo la luna,
y noto que ya no tiene lugar entre las
estrellas,
que ya no ilumina mi noche
y parece que caen pedazos de ella;
solo un papel, un lápiz y las cuerdas,
cantarán a mis sentidos,
a veces voy tan "sin rumbo",
que ya no me quedan suspiros.

La inspiración,
que algún día nació de tus ojos,
se resbala hasta tus labios y muere por tu
boca;
quizás imagino muy pronto,
de lo que podría ser una vida muy loca.
No es justo matar los sueños,
acribillando su existencia,
no resulta ya entretenido vivir entre
diferencias,
siguiendo influencias que no tienen ningún
sentido.

Pues bien!,
si tengo el mar aquí en frente mío,
no es precisamente para besar su brisa,
ni para tocar sus olas,
sino más bien,
para llorar sobre su arena,
donde las lágrimas secan sin demora.

El asunto no está en olvidar,
ni en borrar recuerdos ya vividos;
el asunto está en negociar
con el vil verdugo del olvido.

Historias sin Números

Dormiré en tus palabras,
me aferraré a tus puntos,
me detendré en tus comas,
para observar nuestra linda historia.
Donde no existen números,
donde se pierden las 'veces',
y se suprimen los 'ceros'.
Entonces sin números para nosotros,
me quedaré sumando el amor
y restando el miedo,
de que nuestras vidas se dividan,
solo busco multiplicar el sentimiento
que nos mueve hacia la realidad.
Un sentimiento que no se puede arrancar.

Agradecimientos

Madre Tierra agradezco por un día más de
vida,
voy a concentrarme en disfrutar tu inmensa
naturaleza.
Gracias energía universal, sentido de mi vida;
calientas hasta la última célula de mi cuerpo,
y alimentas a la madre;
a tal punto que trae a mi espíritu
la nutrición mental que necesita.
Agradezco por tus diseños, sonidos,
sabores, aromas y texturas,
que permiten llamar VIDA a
esta sensación infinita.

Inspiración Nocturna

Con éstas largas horas nocturnas, mientras
escribo mi poesía,
he dejado al sueño esperando tras la puerta
de mi conciencia,
buscando solo una alternativa, como el
último rayo de sol del día,
que anhela volver a nacer
mientras yace atrapado
dentro de la oscuridad de la noche,
y entonces es ahí, en ese preciso momento,
en que la luna hace su aparición,
iluminando hasta la más frágil criatura del
planet.

Y de entre ellas,
apareces tu danzando sobres los manantiales
de mi paraíso,
mientras yo te observo,
dejando colgar mis piernas,
sentado sobre un arcoíris,
nada más como si fuera un sueño que
encontró la alternativa
para girar la llave y abrir esa puerta de mi
conciencia,

esa puerta que al cruzarla,
me permite besar hasta el último espacio de vida,
de tu sutil e inspirador cuerpo.

Encuentro extraño amar

Mi único deseo es encontrar a la mujer verdadera,
a la legítima, la original, definitiva,
hipnotizante y mística.
Que armonice mis sentidos,
que me lleve a otra dimensión con solo mirarla,
que no me deje aterrizar nunca de un alunizaje eterno,
que me haga sentir ese hormigueo que recorre mi espalda,
mientras se esté acercando como en cámara lenta.
Que ponga a trabajar mi corazón más de lo normal,
y que no deje espacio en él nada más que sólo para ella,
sólo busco sentir esa felicidad que llene mi alma,
para finalmente perecer tranquilo hasta el final de los tiempos.

El Pensador

Pienso en lo bueno de vivir,
en lo malo de sentir;
pienso en lo bueno de reír,
en lo malo de parar de hacerlo.

Pienso en lo bueno de soñar,
en lo malo del despertar,
del abrir los ojos,
de caer en la realidad;
lo bueno es pensar,
lo malo es callar.

Lo bueno no existe en mentes moribundas,
lo malo existe en la muerte,
depende de cual sea el lugar
hacia el que piensas que irás,
solo hay que pensarlo bien.

No dejaré el pensamiento para futuras
preocupaciones,
solo llevaré el mensaje hasta el momento
final.

Confesión Tardía

Te amo demasiado!
Destrúyeme con reacciones de alegría,
llévame hacia donde nunca terminan los días,
hacia donde ya no hay amanecer.
Empújame al abismo profundo,
en donde caigo sin llegar a fondo,
en donde me pierdo si me escondo,
y cerrando los ojos siento que floto por un segundo.

Te amo demasiado!
Aunque sea con el corazón roto.
Te amo demasiado!
Como las gaviotas al mar,
y como las estrellas al cielo;
y siento que dejo todo este anhelo,
arriba en la superficie en donde me dejaste saltar.

A mi Sobrino

Son dos?, son tres?, cuatro?.
Descubriendo al mundo,
desarrollando tus sentidos,
imprimiendo tus deditos,
absorbiendo los colores.

La vida crece, el mundo crece,
mi pequeño amigo tú creces,
y mi amor por ti mucho más.

Son cinco?, son seis?, siete?.
Cuantos años más para descubrirte?,
para conocerte?;
tus artes y tus destrezas,
se clavarán en este mundo,
que está hecho para ti.

Doce?, trece?, catorce?,
las vicisitudes de la vida te amenazan,
pero tu claridad en discernir nos basta,
para saber que fuiste hecho para triunfar!

Preguntas

Es posible ganar
una resurrección del espíritu cuando el
cuerpo físico yace dentro de una coraza
de ermitaño?,

es posible resurgir desde el preciso momento
en que como un pétalo de flor suelta al viento
nuestro último momento se esparce por el
universo?,

es posible besar al sol en uno de esos viajes
sin retorno?,

acaso;

es posible recoger las escasas pisadas en la
luna sin desperdiciar su lumínica belleza en
el intento?,

es posible quizás dejar una huella nocturna
en el centro del cielo mientras la esencia
del espíritu danza entre las estrellas?

Es muy posible sentir la muerte como un
momento de júbilo;

pero es preferible existir entre pensamientos
vivos,

aunque con sentimientos inertes.

El Niño Descalzo

Camino, corro, huyo, olfateo, observo, escucho;
siempre atento a la mano extendida,
muy precavido de la gente sin vida;
Aún no encuentro los zapatos que me dio mamá.
Salto rejas, me deslizo en baldosas,
me lanzo al riachuelo,
me lavo los pies.
A pesar de todo siento que algo me protege,
siento una ayuda superior, algo que inunda mi cuerpo.
Por cada pan entregado con amor;
sin chantajes, ni alguna otra torcida razón.
Sonrío, lloro, bailo, peleo, callo, grito, escupo;
porque sé que andando descalzo no pisaré mi propia saliva, ni la de otros;
porque sé que andando descalzo igual encontraré una salida, y la de otros;
para triunfar en esta selva de cemento y de cristal.

ACERCA DEL AUTOR

El autor de este libro es un tipo como cualquier otro que decidió hacer un poco de poesía para su vida, actualmente vive en Montañita, Ecuador; y disfruta de la música y el arte en este pequeño espacio de Suramérica.

www.ingramcontent.com/pod-product-compliance
Lightning Source LLC
La Vergne TN
LVHW050341160826
845677LV00014B/3728

* 9 7 9 8 6 3 8 5 4 9 1 3 8 *